LK 3310.

PROMENADE

HISTORIQUE

AU

CHATEAU DE LA GARAYE,

PRÈS DE DINAN.

SAINT-BRIEUC,

IMPRIMERIE DE L. PRUD'HOMME. — 1853.

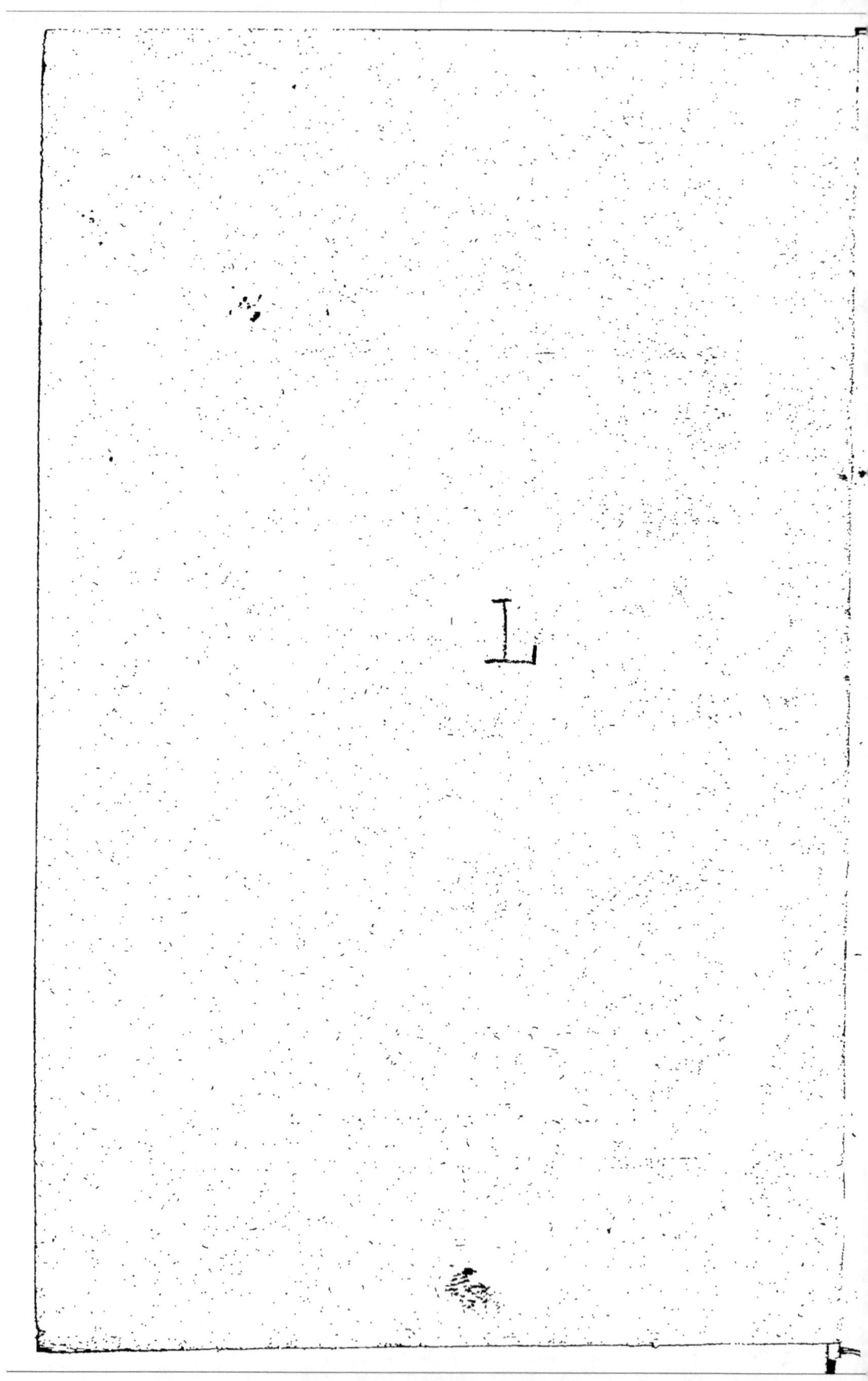

PROMENADE HISTORIQUE

AU

CHATEAU DE LA GARAYE,

PRÈS DE DINAN.

Pour vous rendre à la Garaye, croyez-nous, ne songez pas à vous engager dans l'ancienne voie raboteuse qui y conduit. Votre chaussure fine et légère pourrait bien n'en sortir qu'en désordre. Le chemin est fangeux et par instant pavé de larges quartiers de pierres brutes, œuvre du temps des anciens seigneurs dudit lieu, dont l'heureux génie leur inspirait pourtant la haute et progressive idée que mieux valait mettre le pied sur une roche aigüe, que de le placer mollement dans la boue.

Prenez donc la route de Dinard, sortant par la porte de ville qui s'ouvre sur le faubourg St-Malo, et vous aurez une voie infiniment plus commode et plus agréable à parcourir. Du reste, votre course n'est qu'une promenade d'agrément ; il faut tout voir, et explorer tout ce qui

(2)

s'offrira d'intéressant à vos regards , dans le
trajet que vous vous proposez.

Avant de passer sous cette porte , examinez-
en l'architecture , vous y reconnaîtrez le style
roman du douzième siècle , le gothique du qua-
torzième et une restauration extérieure du sei-
zième , disparate bien sensible du marteau de
trois époques différentes , qui vous atteste les
rudes épreuves qu'ont dû essuyer jadis, sous le fer
de l'ennemi, les vieilles murailles de cette cité (1).

Avancez , et demandez aux habitants du faubourg où est le *Prieuré Saint-Malo de Dinan* ;
l'on vous montrera la maison du prieur , édifice qui ne rappelle aucunement l'époque de la
création de cet établissement ; puis , l'on vous
indiquera du doigt la chapelle du prieuré,
monument de modeste apparence dont l'extérieur a subi plusieurs modifications , mais dont
l'ensemble s'harmonise admirablement bien avec
les gracieux vallons qui l'environnent ; les arbres
qui l'ombragent de leur feuillage, le lierre qui
l'a pris sous sa protection , tous ces verdoyants
décors de la nature lui donnent réellement un
reflet de poésie. Ce n'est point au dehors , pourtant, qu'il faut chercher ce qu'il y a de rare et

______

(1) La porte du Jerzual présente la même disparate de style que celle-ci ; ce sont les deux plus ancien-
nes portes de la ville.

de mystérieux dans ces murailles de simple apparence ; entrez-y, jetez un coup d'œil sur cet
arc à plein cintre surbaissé que supportent de
grossières et raides colonnes, style roman pur ;
c'est la ruine la plus ancienne et la plus curieuse
de Dinan ; ce sont les restes de ce beau temple
qui s'éleva si majestueusement dans ces lieux au
milieu du XIe siècle. Elle n'est plus, cette belle
et puissante construction qui aujourd'hui ferait
l'admiration de l'amateur et de l'archéologue !
Ainsi disparaissent peu à peu les vieux monu-
ments de la civilisation chrétienne du moyen-âge;
le temps et les hommes, ces deux grandes causes
de destruction, les auront bientôt effacés du sol,
et les livres resteront seuls, écho trop souvent
infidèle, pâle et douteuse image du passé.

Revenons à ce monument : c'était l'ancienne
église paroissiale de Saint-Malo de Dinan, qui fut
construite au même temps que le prieuré, fondé
par Olivier, vicomte de Dinan, en l'an 1066.

Suivant les actes que nous possédons, il est
dit que cette église était d'une grandeur immen-
se, avec trois nefs et chapelles rayonnantes, et
qu'à l'extérieur, par ses formes massives et
puissantes, elle avait tout l'aspect d'une for-
teresse. Aussi, dans les temps de guerre, fut-
elle plus d'une fois un sujet de crainte pour les

habitants de Dinan ; l'ennemi , en effet, en s'en emparant, pouvait aisément s'y retrancher, se défendre comme dans une citadelle , et nuire grandement à la ville.

En 1487 , comme on craignait l'approche de l'ennemi , le duc François II , de concert avec le gouverneur et les officiers de la place , la fit démolir.

Dans cette église, il existait plusieurs enfeux et tombeaux de hauts personnages : entre autres, ceux de Tristan du Bois - Riffier ; de Gefflette d'Orange, dame de la Bellière ; de Jehanne de Bitesne, dame de Beaufort, etc. ; cette dernière avait son tombeau dans la chapelle de Notre - Dame-de Grâce, près du banc des reliques.

Lorsqu'on démolit cette église , on en conserva , comme souvenir , une petite partie, qui se trouva garantie par les murs de la nouvelle chapelle construite pour le service du prieuré. Plus tard , le prieur la fit accroître à ses frais , de toute la partie qui regarde l'occident. Depuis 93 , elle est abandonnée ; aujourd'hui elle sert de remise.

Deux ans après la démolition de l'ancienne église St-Malo, les paroissiens obtinrent de François II, duc de Bretagne, et de messire Pierre de Laval, évêque commandataire de Saint-Malo, la per-

(5)

mission de rebâtir une autre église dans l'encein-
te de la ville , et Jehan, vicomte de Rohan , alors
gouverneur de Dinan , acheta , de ses propres
deniers , l'emplacement ; il contribua largement
à la construction de l'édifice . en se réservant ,
toutefois , le titre de fondateur primitif et le
droit d'enfeu dans le haut du chœur de la nouvelle église , du côté de l'Evangile. Les armoiries
de la maison de Rohan , qui étaient neuf mâcles
d'or sur fond de gueules , se voyaient encore au-
dessus des deux portes principales , avant 1793.

Ne nous arrêtons pas d'avantage sur ce sujet ;
continuez votre course en longeant le faubourg ,
puis vous arrivez sur le versant d'un coteau qui
vous offre un des plus jolis points de vue des en-
virons de Dinan.

A vos pieds s'étendent de grasses et fertiles
prairies qu'arrosent les eaux argentines de mur-
murants ruisseaux ; à côté, une fontaine d'eaux
minérales offre gratuitement ses eaux bien-
faisantes au riche et à l'indigent. Regardez , devant vous, ce coteau couronné d'un long massif
d'arbres frais et touffus dont l'ombrage semble
éternel ; à travers les rameaux de feuillage , se
dessinent des murailles blanches comme l'albâtre;
au-dessus de la végétation puissante et vigou-
reuse de ces arbres séculaires apparaissent des

toits élevés et des tourelles aiguës : c'est-là le vieux castel de la Conninais , qui se rajeunit gracieusement sous une main habile et amie des arts.

Qu'il est beau et riant ce paysage dans sa luxuriante fraîcheur ! Qu'il est digne du crayon du poëte et du pinceau de l'artiste , ce joli castel de la Conninais, charmante création du XVe siècle , admirablement posée sur la pente d'un délicieux vallon ! Allez le visiter , ce gentil manoir qui se mire si coquettement dans les eaux claires et tranquilles d'un bel étang que l'aquilon du Nord respecte et n'ose agiter. Entrez dans le château sans aucune appréhension , la famille noble et distinguée qui y réside vous recevra avec un accueil plein de courtoisie et d'aménité : ce sera pour vous, qui êtes artiste et amateur , un moment de jouissance et de bonheur. On vous ouvrira de vastes salles ornées de riches boiseries, de meubles antiques couverts de curieuses et délicates sculptures ; d'autres salles, décorées de tableaux historiques , de fines peintures de tous les âges et de toutes les époques. Que de soins a-t-il fallu pour rechercher et réunir tous ces précieux objets ; fort heureusement pour la société , qu'il se trouve quelques amis des arts , ramassant çà et là dans la poussière des révolutions les lambeaux glorieux d'un autre âge.

En sortant, jetez un coup d'œil sur la principale entrée, vous reconnaîtrez tout d'abord des caryatides supportant un fronton jadis armorié et qui s'est vu mutilé dans les jours néfastes de quatre-vingt-treize ; un jeune lierre, grimpant le long des moulures de la porte, vient généreusement offrir son manteau de verdure aux caryatides légèrement vêtues.

Qu'il est beau dé voir la nature dans son travail perpétuel, s'efforcer d'embellir les travaux de la main de l'homme ou d'en cacher les imperfections, même les moins apparentes !

A l'entrée de la cour, est un élégant pavillon, dont l'architecture vous rappelle le style fleuri de la Renaissance : ses jolies croisées, dont la sculpture varie avec plus ou moins de richesse, son toit ardoisé, qui s'élève en pointe parmi la feuille des arbres, tout contribue à lui donner un aspect des plus pittoresques ; dans le haut de la cour, devant le grand escalier qui conduit dans de beaux et vastes jardins s'élevant en amphithéâtre, une madone en pierre, dont les formes et les draperies, assez rudement touchées par les mains de l'artiste, vous représente un œuvre religieux des temps reculés, où l'art était

encore dans l'enfance. Non loin du portail mé-
ridional, est une grotte avec sa source d'eau vi-
ve, où l'on voit avec plaisir une belle tête en
pierre, vrai type d'un saint Paul, et que l'on
pourrait, par erreur, prendre pour la tête d'un
Romain illustre.

Avant de quitter cette riante demeure, il faut
vous dire qu'elle a aussi produit ses preux, au
temps où la cotte-de-mailles, le bouclier et la
lance brillaient encore dans nos armées : les De-
lavallée, les Duchâtel, sires de la Conninais,
ont illustré cet antique manoir par leurs actes et
leurs faits glorieux dans le clergé, dans les armes et dans l'administration, sans rappeler leurs
alliances distinguées avec les plus nobles familles
de la province.

Tout le monde connaît l'histoire de l'illustre
et vaillant Tannegui Duchâtel, qui s'immortalisa
sous Charles VII par ses nobles actions et par son
courage héroïque ; il fut l'un des ancêtres de
la famille Duchâtel qui se divisa en plusieurs
branches au pays Dinannais.

Les armes de la famille Duchâtel étaient un
château d'or, sommé de trois tours du même,
sur fond de gueules.

Le temps ne vous permet pas de vous arrêter
ici davantage ; reprenez donc la route que vous

avez abandonnée un instant ; à quelque distance au-delà, vous tournez sur la gauche, au hameau du *Petit-Paris*, où vous distinguez une habitation de quelque apparence, avec son jardin muré : c'était là la demeure et le patrimoine du chapelain de la Garaye. Continuez votre marche, le sentier vous conduira directement au château. Dans votre impatience d'y arriver, ne vous faites point illusion sur ce que vous devez voir, ne flattez point votre imagination à l'avance, vous pourriez vous tromper ; car il est bon de vous dire qu'il ne faut plus vous attendre à trouver cette opulente demeure tenue jadis sur un ton princier ; vous ne verrez plus ces salons splendides où brillaient des lustres aux mille cristaux, de larges trumeaux encadrés dans des dentelles de sculptures dorées, de riches et fraîches tapisseries rappelant les grandes scènes de l'histoire des peuples ; là, vous ne verrez plus ces bals tout brillants de riches parures et ces riantes réunions de la noblesse des alentours ; ces parties de forêt où se trouvaient réunis tous les jeunes châtelains de la contrée, pour aller lancer le cerf dans les bois ; vous n'entendrez plus dans les cours les sons bruyants du cor, faisant bondir d'impatience des meutes de lévriers, de fins et légers coursiers hennissant, las d'attendre le moment de s'élancer à travers les buissons et les champs.

Tout était beau, tout était riant alors au château ; mais les plus grands plaisirs du monde ont une fin : ceux du château devaient aussi bientôt s'éclipser pour se transformer en un autre genre de félicité.

Or, voilà qu'un jour, c'était au mois de Février de l'année 1710, le temps fut sombre et brumeux, pas un rayon de soleil ne vint réjouir les salons du château : tout y était calme et silencieux ; nos deux châtelains devinrent eux-mêmes tristes, pensifs et rêveurs ; le doigt du ciel les avait touchés sensiblement ; une transition subite devait s'opérer dans leur âme. Ils méditaient alors une pensée grande et sublime ; ils allaient faire un sacrifice entier des plaisirs du monde pour ne plus s'occuper que de faire le bien ; ils allaient fuir l'opulence pour s'entourer de l'indigence. Quels beaux sentiments d'humanité ! Les deux époux se firent part de leur dessein, et leur résolution fut la même. Ils firent venir alors auprès d'eux un vénérable religieux bénédictin, le révérend père Trotier, prieur de Saint Jagu, qui les aida de ses sages conseils et les disposa au grand œuvre qu'ils méditaient.

De ce moment, le luxe de la maison cessa,

la vie des deux châtelains devint simple et aus-
tère , leurs riches parures allèrent orner les mo-
destes églises des campagnes , les barrières des
avenues et les portes du château furent ouvertes
à la pauvreté et à la misère ; les salles , transfor-
mées en un hôpital , et la table des grands devint alors celle des malheureux ; des établisse-
ments de bienfaisance furent créés par eux dans
toutes les bourgades voisines et en ville ; des
chaumières , ils passaient aux prisons ; des prisons , dans les hôpitaux : partout ils portaient
des consolations et des secours. Enfin , ils ne
cessèrent de faire le bien qu'en cessant de vivre.

M. le comte de la Garaye mourut le 2 juillet
1755, et son épouse le 20 Juin 1757. Ils reposent
l'un à côté de l'autre , dans le cimetière de Taden. Quel tombeau renferma jamais de plus pré-
cieuses dépouilles!

Le château devint alors abandonné ; les murailles , désolées de survivre à tant de scènes si
touchantes , conjurèrent le temps de s'armer
contre elles pour n'en faire que des ruines , et
l'œuvre s'est accompli !...

Tout en vous rappelant les dernières scènes
de la Garaye , votre course s'avance , vous êtes
tout près de la chapelle , simple oratoire où les
deux illustres époux ont plus d'une fois prié et
peut-être versé des larmes.

Vous êtes enfin dans la grande avenue, vous êtes arrivé sur cette terre si riche en souvenirs ; déjà vous apercevez le château, qui, dans son état de ruines, porte encore de belles traces de l'art splendide du passé ; il est devant vous, ce manoir célèbre dans la légende naïve que se transmet fidèlement le peuple des campagnes, pendant les loisirs de la veillée, alors que le vent pleure dans les ruines, et que le cri lugubre de la chouette se mêle au bruissement de la feuille des arbres. Voyez quel aspect saisissant et rêveur, quel trésor pour le poëte et le peintre, quel paysage complet et magnifique dans son imposante désolation ! Je ne sais quel parfum de mélancolique poésie s'échappe du milieu de ces débris entassés et de ces pierres qui gisent éparses dans les hautes herbes ; le regard se promène avec une sorte de volupté mystérieuse le long de ces ruines que le lierre recouvre de son manteau de verdure et que décore la fleur des champs.

Du milieu de ces ruines, quelle vue pleine de majesté lorsque, par une belle soirée d'été, au moment où tout est calme dans la nature, les mourantes clartés du soleil couchant, jettent à travers les lambeaux des croisées, à travers les murailles déchirées, ces magnifiques reflets qui font tant rêver les poëtes ; ces murailles délabrées qui vous regardent semblent alors vous parler un langage que vous ne pouvez comprendre ! Puis , votre âme soupire...

Ce lieu, aujourd'hui si solitaire et qui était plein de vie et de mouvement il y a encore un siècle, a aussi fourni ses célébrités : un sénéchal de Dinan , en 1580, Raoul Marot ; un conseiller au Parlement de Bretagne , en 1640 , Guillaume Marot ; un gouverneur des ville et châteaux de Dinan , en 1680 , Guillaume Marot ; puis le dernier comte de la Garaye , dont nous vous entretenons particulièrement , portait les titres les plus honorables : Claude Toussaint Marot, chevalier seigneur comte de la Garaye , baron de Blaizon , vicomte de Chemilliers, de Beaufort en Dinan , et de Taden ; seigneur de la cour d'Aval , Fleuré , Lasse-Jambe et autres lieux , commandeur et grand hospitalier de Notre-Dame du Mont-Carmel et de Saint-Lazare de Jérusalem , Bethléem et Nazareth.

Leurs ancêtres , les sieurs des Alleux , ne furent pas moins distingués dans leur état de bourgeoisie ; on les voit figurer , en 1400 et 1500 , aux emplois les plus honorables dans la société : Robin , Jehan , Tanguy , Josselin et Charles Marot.

Le château est une construction qui ne remonte pas au-delà de 1500. Les seigneurs de la Garaye avaient pour armes *d'azur à la main d'argent , accostée au canton dextre d'une étoile d'or.*

Vous seriez sans doute bien aise de connaître la signification de ces pièces d'armoiries, qui sont peut-être pour vous une énigme. Eh bien , nous allons vous la dévoiler en peu de mots ; écoutez :

Vous avez sans doute connaissance de l'histoire de la Ligue , ce parti formidable qui s'opposait si vigoureusement à l'avènement de Henri IV au trône ; la France se trouva donc divisée en deux camps, le parti du roi, et le parti catholique , autrement la Ligue. Plusieurs villes se rendirent au roi , tandis que d'autres tenaient ferme pour la Ligue.

Saint-Malo s'étant rendu au roi, Dinan ne pouvait tarder de suivre son exemple en faisant sa soumission. Raoul Marot, sieur des Alleux, sénéchal de Dinan , qui avait le plus grand désir de livrer la ville au roi, s'étant concerté avec les Malouins sur les moyens les plus convenables pour réussir dans son entreprise , ceux-ci lui promirent un corps de troupe qui serait envoyé à ses ordres sous les murs de Dinan un soir convenu : c'était la nuit du 13 Février 1598.

(15)

Pour détourner l'attention de ceux qui étaient
en état de mettre obstacle à son entreprise, des
Alleux donna un bal cette soirée, où figuraient
le gouverneur de la place, qui était le marquis
du Bois-de-la Motte, zélé partisan de la Ligue,
les officiers de la garnison, les hauts fonction-
naires, enfin tous les notables de la ville. Cette
soirée se donnait dans l'hôtel du sénéchal que
vous pouvez voir encore dans la grand'rue, à
l'occident de l'ancienne communauté des Corde-
liers.

Pendant que tout le monde se divertissait au
bal, le sénéchal sortait par instant pour diriger
son plan, pour faire entrer en ville la troupe de
Saint-Malo qui était stationnée dans l'ancien cimetière du faubourg Saint-Malo. Le Sénéchal
ayant ses entrées libres dans tous les postes,
il ne lui fut pas difficile, avec quelques suivants,
de se saisir de la sentinelle de la porte du faubourg
St-Malo, ce qui fut fait dans un instant; les Malouins purent alors entrer en ville, et par les
mêmes moyens, ceux-ci s'emparèrent du château
et des autres postes sans coup férir. Grande fut
la surprise au bal, lorsque le bruit des cloches
et du canon se fit entendre en signe de réjouis-
sance.

La ville était désormais au pouvoir du roi; il

n'y avait plus d'opposition à faire ; tout en était fait.

La nouvelle en fut aussitôt portée au roi, qui envoya pour récompense au sénéchal , des lettres de noblesse , et pour armes , une main et une étoile , comme ayant donné un bon coup de main la nuit , pour réduire la ville de Dinan en son pouvoir. Ainsi s'explique l'emblème des armes de la Garaye.

Dinan , le 25 Octobre 1852.

MAHÉO.